글 **보배**

누군가에게 꼭 필요하고,
가치가 있는 책을 만들고 싶은 사람입니다.
아이들이 행복하고, 즐거움이 가득할 수 있는
이야기를 써 내려가고 싶습니다.

그림 **이창우**

부산대학교 미술학과를 졸업하고
소년동아일보에서 과학 만화를 그리기 시작했습니다.
어린이가 재미있게 공부할 수 있는 학습 만화를 비롯해,
상상력 가득한 그림으로 사랑받고 있습니다.
그린 책으로는 《유네스코가 선정한 세계 유산-세계 편》,
《그리스·로마 신화 한 바퀴》,《우리 역사 진기록》,
《잃어 버린 우리 문화재》 등이 있습니다.

1판 1쇄 2024년 7월 1일 | **1판 2쇄** 2025년 11월 17일

글 보배 **그림** 이창우
펴낸곳 도서출판 키움 **펴낸이** 김준성
편집 강정현, 김보라 **디자인** 한지희, 이지영
마케팅 최근삼 **온라인 마케팅** 전푸름
경영지원 권영미, 이은경 **관리** 최진욱, 남진우, 김태봉, 나호윤
주소 경기도 파주시 회동길 325-16 **등록** 2003.6.10(제18-144호)
전화 02-887-3271,2 **팩스** 031-941-3273 **홈페이지** www.kwbook.com
ISBN 978-89-6274-568-9(77710)

ⓒ 2024 도서출판 키움
이 책에 실린 모든 글과 그림을 저작권자의 허락 없이 무단으로 복제, 복사, 배포하는 것은
저작권자의 권리를 침해하는 것입니다.
※ 잘못된 상품은 구매하신 곳에서 교환하실 수 있습니다.

관계

- 다정다감 p10
- 동고동락 p12
- 수어지교 p14
- 죽마고우 p16
- 동병상련 p18
- 유유상종 p20
- 역지사지 p22
- 생각해 보기

말

- 유구무언 p26
- 언중유골 p28
- 언행일치 p30
- 동문서답 p32
- 이구동성 p34
- 청산유수 p36
- 감언이설 p38
- 유언비어 p40
- 생각해 보기

마음

- 일심동체 p44
- 일편단심 p46
- 자격지심 p48
- 노심초사 p50
- 성심성의 p52
- 허심탄회 p54
- 태연자약 p56
- 생각해 보기

욕심

- 감탄고토 p60
- 견물생심 p62
- 과유불급 p64
- 교각살우 p66
- 사리사욕 p68
- 소탐대실 p70
- 자업자득 p72
- 생각해 보기

노력

- 칠전팔기 p76
- 대기만성 p78
- 불철주야 p80
- 삼고초려 p82
- 시행착오 p84
- 우공이산 p86
- 전화위복 p88
- 생각해 보기

사자성어 시작!

위기

- 구사일생 p92
- 기사회생 p94
- 사면초가 p96
- 새옹지마 p98
- 설상가상 p100
- 오리무중 p102
- 진퇴양난 p104
- 생각해 보기

학문

- 박학다식 p108
- 우이독경 p110
- 일취월장 p112
- 청출어람 p114
- 온고지신 p116
- 주경야독 p118
- 초지일관 p120
- 형설지공 p122
- 생각해보기

교훈

- 유비무환 p126
- 타산지석 p128
- 개과천선 p130
- 권선징악 p132
- 근묵자흑 p134
- 사필귀정 p136
- 인과응보 p138
- 생각해 보기

순리

- 고진감래 p142
- 등고자비 p144
- 흥망성쇠 p146
- 생각해 보기

기타 : 많이 쓰이는 성어

- 막상막하 p150
- 백발백중 p152
- 선견지명 p154
- 외유내강 p156
- 인산인해 p158
- 살신성인 p160
- 결초보은 p162
- 동상이몽 p164
- 일거양득 p166
- 심사숙고 p168
- 화룡점정 p170
- 생각해 보기

- 사자성어 모음 p172
- 급수 한자 p175

'관계'와 관련된 성어

사람이 살아가는 데 있어 다른 사람과의 관계는 아주 중요해요.

관계를 맺지 않고 혼자 살 수는 없기 때문이지요.

어떤 사람을 만나고, 어떻게 지내는지에 따라 내 삶이 바뀔 수 있답니다.

 관계와 관련된 성어를 한번 알아볼까요?

★ 관계 ★

초성퀴즈
ㄷㅈㄷㄱ
多 情 多 感

만화힌트 언제 쓰일까?

★정답★

다정다감

多	情	多	感
많을 다	뜻 정	많을 다	느낄 감
(다정, 다수)	(감정, 애정)	(다양, 다각)	(감사, 감동)

★ 뜻풀이

'정이 많고 감정이 풍부하다'는 뜻이에요.

친구 중에도 꼭 그런 친구가 있어요. 만나면 눈을 마주치며 따뜻하게 인사해 주고, 나의 말에 귀 기울여 주는 친구요. 그런 친구를 보고 '다정다감하다'고 표현해요. 다정다감한 친구는 함께 있으면 마음이 편안하고 행복해서 어디서나 환영 받는답니다.

비슷한 성어

다감다정 多感多情
감정이 풍부하고 정이 많다.

감자지 갖다 주고…

내가 원래 다정다감하지.

★ 관계 ★

초성퀴즈

ㄷㄱㄷㄹ

同苦同樂

만화힌트 언제 쓰일까?

★정답★

동고동락

同	苦	同	樂
같을 동	쓸 고	같을 동	즐길 락
(동생, 동기)	(고민, 고충)	(동갑, 동행)	(음악, 오락)

★ 뜻풀이

'괴로움과 즐거움을 함께한다'는 뜻이에요.

어떤 상황에서도 함께하는 사이를 가리키는 말이에요. 보통 가족이나 오랜 시간 함께한 사람들을 가리켜 '동고동락한 사이'라고 말하지요.

비슷한 성어

사생동고 死生同苦

죽고 사는 고생을 함께한다. 즉 어떤 어려움도 같이한다.

★ 관계 ★

★초★성★퀴★즈
ㅅㅇㅈㄱ
水 魚 之 交

만화힌트 언제 쓰일까?

우리는 항상... / 같이 놀고!

맛있는 밥도 같이 먹고!

그럼~! 우린 뗄 수 없는!

ㅅㅇㅈㄱ 라고~ / 수육 전골?

수어지교

水	魚	之	交
물 수	물고기 어	어조사 지	사귈 교
(수영, 잠수)	(문어, 어항)		(교환, 절교)

★ 뜻풀이

'물과 물고기의 사귐'이라는 뜻이에요.

물 없이 물고기가 살 수 없듯이, 절대 떨어질 수 없는 친밀한 사이, 서로 없어서는 안 될 소중한 관계를 의미한답니다. 나와 수어지교 관계에 있는 사람은 누구일지, 한번 생각해 봐요.

비슷한 성어

관포지교 管鮑之交
관중과 포숙의 사귐. 즉 우정이 아주 돈독한 친구 사이.

★ 관계 ★

ㅈㅁㄱㅇ
竹 馬 故 友

만화 힌트 언제 쓰일까?

★정답★

죽마고우

竹	馬	故	友
대 죽	말 마	옛 고	벗 우
(죽염, 죽순)	(승마, 출마)	(고향, 고장)	(교우, 우애)

★ 뜻풀이

'대나무 말을 타고 놀던 옛 친구'라는 뜻이에요.

어릴 때부터 가까이 지내며 자란 친한 친구를 말할 때 쓰지요.

나의 죽마고우는 누구일지 한번 생각해 볼까요?

비슷한 성어

총죽지교 蔥竹之交

파피리를 불며 죽마를 타고 함께 놀던 사이. 즉 어렸을 적부터 사귄 친구 사이.

★ 관계 ★

초성 퀴즈

ㄷㅂㅅㄹ

同 病 相 憐

만화힌트 언제 쓰일까?

★정답★

동병상련

同	病	相	憐
같을 동	병들 병	서로 상	불쌍히 여길 련
(동의, 합동)	(병원, 병균)	(상대, 위상)	(연민, 가련)

★ 뜻풀이 '같은 병을 앓는 사람끼리 서로 불쌍하게 여긴다'는 뜻이에요.
비슷하거나 같은 상황에 있는 사람끼리 서로 그 마음을 헤아려 도와주는 모습을 말한답니다.

비슷한 성어

동주상구 同舟相救
같은 배를 탄 사람끼리 서로 돕는다. 즉 같은 처지에 놓이면 아는 사람이나 모르는 사람이나 서로 돕는다.

★ 관계 ★

초성퀴즈

ㅇ ㅇ ㅅ ㅈ

類　類　相　從

만화힌트 언제 쓰일까?

─ 어, 미애다!

─ 미애는 바보!

─ 앗!

─ 살려주세요..

─ 우히히… 우헤헤…

─ 어휴~ 말썽꾸러기~

─ 멍! 멍! 멍!

─ 감히 우리 주인님을 놀리다니?

─ 어? 둘 다 겁쟁이야? 호호.

─ ㅇㅇㅅㅈ이네.

★정답★

유유상종

類	類	相	從
무리 유	무리 유	서로 상	좇을 종
(종류, 인류)	(의류, 분류)	(상담, 상대)	(이종, 순종)

★ 뜻풀이

'같은 무리끼리 서로 좇는다'는 뜻이에요. 비슷한 성격이나 성품을 가진 무리끼리 모이고 사귄다는 말을 할 때 쓰지요. 보통 사람 사이에서 자주 쓰이는데, 사물이나 동물에도 적용될 수 있답니다.

비슷한 성어

동병상련 同病相憐

같은 병을 앓는 사람끼리 서로 불쌍하게 여긴다.

비슷한 속담

가재는 게 편

모습이나 상황이 비슷한 사람끼리 서로 돕거나 편을 들어준다.

★정답★

역지사지

易	地	思	之
바꿀 역	땅 지	생각 사	어조사 지
(교역, 무역)	(지구, 지진)	(심사, 사유)	

★ 뜻풀이

'처지를 서로 바꾸어 생각한다'는 뜻이에요.

사람은 자기 입장에서 옳고 그름을 판단해요. 그래서 조금만 손해를 봐도 싸움의 원인이 되지요. 상대방의 입장을 이해한다면 더 나은 대화와 관계가 만들어질 수 있답니다.

비슷한 성어

역지개연 易地皆然

사람의 처지를 바꾸어 놓으면 행동하는 것이 다 같다.

비슷한 속담

자식을 길러 봐야 부모 사랑을 안다.

부모님의 마음은 내가 부모가 되었을 때 알 수 있다. 즉 어떤 일이든 직접 경험하지 않고는 속까지 다 알기 어렵다.

생각해 보기

그림과 뜻을 보고 알맞은 사자성어에 동그라미 하세요.

뜻: 괴로움과 즐거움을 함께한다.

동고동락

타산지석

뜻: 처지를 서로 바꾸어 생각한다.

사필귀정

역지사지

뜻: 같은 무리끼리 서로 좇는다.

유유상종

권선징악

뜻: 대나무 말을 타고 놀던 옛 친구

죽마고우

개과천선

'말' 과 관련된 성어

우리의 일상에서 말은 떼려야 뗄 수 없어요.

한번 내뱉은 말은 주워 담을 수 없으므로 말할 때는 신중하고

조심해야 해요. 말 한마디로 좋은 일이 생길 수도, 나쁜 일이

생길 수도 있답니다.

 말과 관련된 성어를 한번 알아볼까요?

★ 말 ★

초성퀴즈

ㅇㄱㅁㅇ
有 口 無 言

만화힌트 언제 쓰일까?

유구무언

| 있을 **유** | 입 **구** | 없을 **무** | 말씀 **언** |
| (보유, 고유) | (인구, 입구) | (무한, 무리) | (허언, 증언) |

★ **뜻풀이** '입은 있으나 말이 없다'는 뜻이에요.

잘못이 명확해서 변명할 말이 없는 경우를 말해요.

비슷한 성어 **훼장삼척** 喙長三尺

입이 길어도 변명할 수 없다.

비슷한 속담 **입이 열 개라도 할 말이 없다.**

잘못이 명백히 드러나 변명의 의지가 없다.

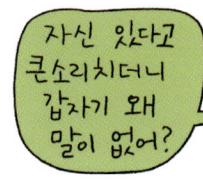  

말

초성퀴즈

ㅇㅈㅇㄱ
言中有骨

만화힌트 언제 쓰일까?

올해에는 물가가 많이 오르는데… 치킨 먹어라.
네.

너만 계속 내려가더라.
무슨 말씀인지…

으악! 내 성적표!

엄마 말씀이 ㅇㅈㅇㄱ이구나! 큰일이다!

★정답★

언중유골

言	中	有	骨
말씀 언	가운데 중	있을 유	뼈 골
(선언, 조언)	(집중, 중앙)	(소유, 공유)	(해골, 골절)

★ 뜻풀이

'**말속에 뼈가 있다**'는 뜻이에요.

해야 할 말을 콕 집어 말하지 않고 부드럽게 말하려고 비유적으로 전할 때 쓰는 말이에요. 농담처럼 들릴 수도 있지만 알고 보면 중요한 뜻이 담겨 있답니다.

비슷한 성어

언중유언 言中有言
말속에 말이 있다. 즉 말속에 숨은 뜻이 있다.

★ 말 ★

초성퀴즈

ㅇㅎ ㅇㅊ
言 行 一 致

만화 힌트 언제 쓰일까?

★정답★

언행일치

言	行	一	致
말씀 **언**	다닐 **행**	한 **일**	이를 **치**
(방**언**, 발**언**)	(**행**동, 은**행**)	(**일**품, **일**등)	(경**치**, 이**치**)

★뜻풀이

'말과 행동이 같다'는 뜻으로, 자기가 말한 것은 꼭 행동으로 옮겨야 한다는 말이에요. 행동하지 않는 말은 힘이 약해서, 다른 사람의 마음을 움직일 수 없답니다.

동문서답

東	問	西	答
동녘 동	물을 문	서녘 서	대답할 답
(동양, 동해)	(문제, 질문)	(서양, 서해)	(대답, 정답)

★ 뜻풀이   '**동쪽을 묻는 데 서쪽을 대답한다**'는 뜻으로 질문과 상관없이 엉뚱하게 대답하는 것을 말해요. 질문을 이해하지 못해 다른 대답을 하거나, 질문하는 사람의 생각과 달라 질문을 무시하는 상황에서 쓰는 표현이에요.

비슷한 성어   **문동답서** 問東答西
물음과는 전혀 상관없는 엉뚱한 대답.

★말★
초성퀴즈
ㅇㄱㄷㅅ
異口同聲

만화 힌트 언제 쓰일까?

★정답★

이구동성

異	口	同	聲
다를 이	입 구	같을 동	소리 성
(이성, 특이)	(식구, 입구)	(동화, 공동)	(음성, 함성)

★ 뜻풀이

'**입은 다르지만, 하는 말은 같다**'는 뜻이에요.

입이 다르다는 것은 여러 사람을 뜻하는데, 서로 다른 사람이 같은 의견과 생각을 이야기할 때 쓰는 말이에요.

비슷한 성어

여출일구 如出一口

한 입에서 나오는 것처럼 여러 사람의 말이 같다.

★ 말 ★

초성퀴즈

ㅊ ㅅ ㅇ ㅅ

青 山 流 水

만화힌트 언제 쓰일까?

청산유수

青	山	流	水
푸를 청	메 산	흐를 유	물 수
(청년, 청룡)	(화산, 산맥)	(전류, 유행)	(호수, 향수)

 **뜻풀이**

'푸른 산과 흐르는 물'이라는 뜻이에요.

물이 시원하게 흐르는 것처럼 거침없이 말을 잘할 때 쓰는 말이지요.

 **비슷한 성어**

청산우수 青山雨水

푸른 산에서 흐르는 빗물. 즉 막힘없이 말을 잘한다.

★ 말 ★
초성퀴즈

ㄱㅇㅇㅅ
甘言利說

만화힌트 언제 쓰일까?

★정답★

감언이설

甘	言	利	說
달 감	말씀 언	이로울 이	말씀 설
(감태, 감초)	(언어, 예언)	(승리, 이용)	(소설, 전설)

★뜻풀이

'달콤한 말과 이야기'라는 뜻이에요.

상대방이 듣고 싶어 하는 말을 골라 함으로써 상대방을 속일 때 '감언이설로 속인다'고 말하지요.

비슷한 성어

교언영색 巧言令色

남에게 잘 보이려고 교묘히 꾸며서 하는 말과 알랑거리는 태도.

비슷한 속담

간 빼먹고 등치다.

겉으로는 비위를 맞추며 잘해 주는 척하지만, 정작 중요한 것은 나쁜 방법으로 빼앗고 이용한다.

★ 말 ★

초성퀴즈

ㅇㅇㅂㅇ
流言蜚語

만화 힌트 언제 쓰일까?

유언비어

流	言	蜚	語
흐를 유	말씀 언	바퀴 비	말씀 어
(유행, 유성)	(언행, 묵언)	(비렴, 비망)	(국어, 단어)

★ 뜻풀이

'아무 근거 없이 널리 퍼진 소문'이라는 뜻이에요.

소문은 참 신기해요. 사실인지 아닌지가 중요한 게 아니라, 사람들의 관심을 얼마나 많이 받느냐에 따라 멀리 퍼지거든요. 유언비어는 누군가를 상처 입힐 수 있으니, 들어도 퍼뜨리면 안 된답니다.

비슷한 속담

소문난 잔치에 먹을 것 없다.
떠들썩한 소문이나 큰 기대에 비하여 실속이 없거나 소문이 실제와 같지 않다.

생각해 보기

가로세로 낱말 퍼즐을 풀어 보세요.

가로
❶ 달콤한 말과 이로운 이야기
❷ 입은 있으나 말이 없다.

세로
❶ 말속에 뼈가 있다.
❷ 말과 행동이 같다.

'마음'과 관련된 성어

마음은 사람이 태어날 때부터 가진 성격이나 품성이에요.

마음에 따라서 같은 상황도 긍정적으로, 또는 부정적으로

받아들이지요. 기분 좋은 말과 행동을 위해서는 마음을 깨끗이

하는 것이 아주 중요하답니다.

마음과 관련된 성어를 한번 알아볼까요?

★ 마음 ★

초성퀴즈
ㅇㅅㄷㅊ
一心同體

만화힌트 언제 쓰일까?

우리 시험공부 열심히 해서 좋은 점수로 부모님 기쁘게 해드리자.
그래.

서로 머리를 맞대고 ㅇㅅㄷㅊ로 열공!!

와! 100점!! 이게 꿈이야? 생시야?
꿈인지 아닌지 서로 꼬집어 보자.

ㄱㄱㄱㄱㄱ 아얏! 꿈이잖아! ㅠㅠ
꿈까지 ㅇㅅㄷㅊ 일 것 까지야.
꼬집 꼬집

일심동체

一	心	同	體
한 일	마음 심	같을 동	몸 체
(일반, 일괄)	(관심, 인심)	(동창, 동일)	(체육, 체험)

★ 뜻풀이 '마음을 하나로 합쳐서 한마음 한 몸이 된다'는 뜻이에요.

모두 하나로 뭉쳐 한 사람이 된 것처럼 목표를 향해 노력하는 모습을 말해요.

비슷한 성어 **이체동심** 異體同心

몸은 각각이나 마음은 한가지다. 즉 마음이 서로 맞는다.

★ 마음 ★

초성퀴즈 ㅇㅍㄷㅅ
一 片 丹 心

만화힌트 언제 쓰일까?

내 여자 친구가 되어준다면 한눈팔지 않고 너만 쳐다보고 ㅇㅍㄷㅅ 할게.

음…

정말이지? 나하고만 놀아야 해!

당연하지. 아까 고구마 먹었는데 꿀맛이야. 같이 먹자.

호호. 정말 꿀맛이네.

뿡!

윽! 지, 지독한 방귀 냄새!

우리… 헤어져!! 안녕~

뭐, 뭐라고? ㅇㅍㄷㅅ 이라며?

★ 정답 ★

일편단심

一	片	丹	心
한 일	조각 편	붉을 단	마음 심
(제일, 일괄)	(편지, 파편)	(단풍, 단장)	(안심, 동심)

★ 뜻풀이

'한 조각의 붉은 마음'이라는 뜻이에요.

진심에서 우러나오는 절대 변하지 않는 마음을 말해요. 정성이나 충성심을 보여 줄 때 사용하지요.

비슷한 성어

비석지심 匪石之心

돌처럼 단단하여 어떤 일에 쉽게 동요하지 않는 마음.

★ 마음 ★

ㅈㄱㅈㅅ
自 激 之 心

만화힌트 언제 쓰일까?

★ 정답

자격지심

自	激	之	心
스스로 자	과격할 격	어조사 지	마음 심
(자연, 자유)	(감격, 격려)		(중심, 세심)

★ 뜻풀이

'자기 한 일에 대하여 스스로 부족하게 여기는 마음'이라는 뜻이에요. 이 말은 열등감과 관련이 있어요. 자기를 스스로 부족하게 생각하면 남보다 못하다는 열등감이 생기고, 그런 마음 때문에 남에게 잘못된 행동을 하기도 하지요.

비슷한 성어

자괴지심 自愧之心
스스로 부끄럽게 여기는 마음.

★ 마음 ★

초성퀴즈

ㄴ ㅅ ㅊ ㅅ

勞 心 焦 思

만화힌트 언제 쓰일까?

야! 엄마한테 혼날 텐데 걱정 안 해?

아… 어떡해? 어제 빵집에서 공부하고 있었는데, 우연히 네 엄마를 만나서 내가 시험공부한다고 했더니 빵 사주시더라고…

뭐라고? 큰일 났네.

괜찮아. 사실 시험 날이라고 말 안 했거든…

뭐라고?

나 먼저 갈게

엄마가 물어보겠지? 뭐라고 하지?

잉!

에휴… ㄴㅅㅊㅅ 하고 있구나.

49

★정답★

노심초사

勞	心	焦	思
일할 노	마음 심	그을릴 초	생각 사
(노력, 위로)	(양심, 심장)	(초조, 초점)	(사고, 사유)

★뜻풀이 '몹시 마음을 쓰며 애를 태운다'는 뜻이에요.

마음이 쓰이는 일을 계속 생각하면서 걱정하고 긴장하는 모습을 말해요.

비슷한 성어 **초심고려** 焦心苦慮
마음을 졸여서 태우며 괴롭게 염려한다.

★ 마음 ★

초성퀴즈

ㅅ ㅅ ㅅ ㅇ

誠　心　誠　意

만화힌트 언제 쓰일까?

성심성의

誠	心	誠	意
정성 성	마음 심	정성 성	뜻 의
(성실, 정성)	(진심, 열심)	(열성, 충성)	(주의, 의미)

★ 뜻풀이   '**참되고 성실한 마음과 뜻**'이에요.

정성스러운 마음과 뜻은 사람의 마음을 쉽게 움직여요.

"우리 반을 위해 성심성의 노력하겠습니다."

"네 꿈을 이룰 수 있게 성심성의 도울게." 등 온 힘을 다하려는

참되고 성실한 마음을 나타낼 때 쓴답니다.

★ 마음 ★

초성퀴즈

ㅎ ㅅ ㅌ ㅎ
虛 心 坦 懷

만화힌트 언제 쓰일까?

우리 형제 사이에 우애가 좋았는데, 요즘 나 보면 피하고 말도 하지 않고…

왜 그러는데?

앗!

형… 사실…

괜찮아. ㅎㅅㅌㅎ하게 터놓고 얘기해도 돼~ 형이니까.

컴퓨터 게임 형 아이디로 들어가서 아이템을 전부 날리고 탈퇴했거든…

뭐, 뭐라고? ××게임 말이지?

어쩐지 왜 피하나 했더니 아이템도 날려? 요, 용서 못 해!!

형~ 미안~ 후다닥

허심탄회

虛	心	坦	懷
빌 허	마음 심	평평할 탄	품을 회
(허무, 허위)	(결심, 심술)	(평탄, 순탄)	(회유, 회포)

★ 뜻풀이   '품은 생각을 터놓고 말할 만큼 아무 거리낌 없이 솔직함'
이라는 뜻이에요. 자기 생각을 숨기지 않고 거리낌 없이 다른
사람에게 솔직하게 보여 주는 것을 말한답니다. 허심탄회하게
이야기를 해 보자 할 때는 서로 마음을 터놓고 순수하게 상대의
의견을 받아들이겠다는 의미도 있어요.

★ 마음 ★

ㅌㅇㅈㅇ
泰然自若

만화힌트 언제 쓰일까?

★정답★

태연자약

泰	然	自	若
클 **태**	그럴 **연**	스스로 **자**	같을 **약**
(태연, 태릉)	(천연, 당연)	(자아, 자책)	(만약, 약간)

★ 뜻풀이 '마음에 어떤 자극을 주어도 흔들리지 않는다'는 뜻이에요.
위기에 처하거나 당황스러운 상황에도 태연자약할 수 있는 사람은 마주한 문제를 좀 더 차분하게 생각하고 현명하게 해결할 수 있지요.

비슷한 성어 **담소자약** 談笑自若
근심이 있거나 놀라운 일을 당해도 평소처럼 웃고 이야기한다.

틀린 글자를 찾고, 바르게 고쳐 보세요.

노심초삼
몹시 마음을 쓰며 애를 태운다.
↓
노심초사

성실성의
참되고 성실한 마음과 뜻
↓

이심동체
마음을 하나로 합쳐서 한마음 한 몸이 된다.
↓

일편단식
한 조각의 붉은 마음
↓

자격지신
자기가 한 일에 대하여 스스로 부족하게 여기는 마음
↓

태연작약
마음에 어떤 자극을 주어도 흔들리지 않는다.
↓

'욕심'과 관련된 성어

욕심은 자기 분수에 넘치는 것을 탐내는 마음이에요.
가치 있는 일을 향한 진심 어린 열망을 뜻하는 '열정'과 헷갈릴 수 있는데, 욕심은 자기만족만 생각하느라 다른 사람을 배려하지 않는다는 특징이 있지요.
지나친 욕심은 나도, 남도 불행하게 만든답니다.

 욕심과 관련된 성어를 한번 알아볼까요?

★ 욕심 ★

ㄱㅌㄱㅌ
甘 呑 苦 吐

만화힌트 언제 쓰일까?

★ 정답 ★

감탄고토

甘	吞	苦	吐
달 감	삼킬 탄	쓸 고	토할 토
(감언, 감미)	(탄하, 탄토)	(고통, 고생)	(구토, 실토)

★ 뜻풀이

'달면 삼키고 쓰면 뱉는다'는 뜻이에요.

자기에게 좋은 것은 받아들이고, 필요 없는 것은 싫어한다는 말이에요. 이기적인 행동을 비유해서 쓰기도 해요.

비슷한 성어

토사구팽 兔死狗烹

토끼가 죽으면 토끼를 잡던 사냥개도 필요 없어져서 주인이 없앤다. 즉 필요할 때는 쓰고 필요 없으면 야박하게 버린다.

비슷한 속담

달면 삼키고 쓰면 뱉는다.

자기에게 좋은 것은 받아들이고, 필요 없는 것은 싫어한다.

★ 욕심 ★

ㄱ ㅁ ㅅ ㅅ
見 物 生 心

만화 힌트 언제 쓰일까?

★정답★

견물생심

見	物	生	心
볼 견	만물 물	날 생	마음 심
(발견, 편견)	(선물, 동물)	(생명, 인생)	(의심, 핵심)

★ 뜻풀이

'물건을 보면 욕심이 생긴다'는 뜻이에요.

마음이 생기는 거야 막을 수 없지만, 그때마다 물건을 모두 가져야 직성이 풀리는 것은 올바른 소비 태도가 아니에요. 좀 더 가치 있는 목표를 정하고 마음을 둔다면, 견물생심을 없애는 데 도움이 된답니다.

비슷한 속담

아홉 가진 놈이 하나 가진 놈 부러워한다.

열 개 중의 아홉 개를 가졌는데도 겨우 하나 가진 사람을 부러워하며 욕심이 많다.

★ 욕심 ★

초성퀴즈

ㄱㅇㅂㄱ

過猶不及

만화힌트 언제 쓰일까?

★정답★

과유불급

過	猶	不	及
지나칠 과	오히려 유	아닐 불	미칠 급
(과거, 초과)	(집행유예)	(불안, 불편)	(언급, 파급)

★ 뜻풀이 '지나치면 미치지 못한 것과 같다'는 뜻이에요.

살을 빼겠다고 지나치게 운동하면 오히려 몸에 해롭거나, 다칠 수 있어요. 뭐든지 적당히 할 줄 아는 지혜가 필요하답니다.

비슷한 성어 **교각살우** 矯角殺牛

쇠뿔을 바로 잡으려다 소를 죽인다.

비슷한 속담 **가는 토끼 잡으려다가 잡은 토끼 놓친다.**

이미 토끼를 잡았는데, 다른 토끼를 쫓으려다 잡은 토끼마저 잃는다. 즉 욕심을 부리면 잡은 것도 놓친다.

★ 욕심 ★

초성퀴즈

ㄱㄱㅅㅇ

矯 角 殺 牛

만화 힌트 언제 쓰일까?

음… 조금 삐뚤어진 것 같은데… 조금만 더…

아직도 안 맞는 것 같아.

엄마 그… 그만…!

조~금만 더~

헉!

에고~ ㄱㄱㅅㅇ라더니 조금만 조금만 하다 망쳤네.

★정답★

교각살우

矯	角	殺	牛
바로잡을 교	뿔 각	죽일 살	소 우
(교정, 교란)	(각도, 직각)	(몰살, 살기)	(투우, 흑우)

★ 뜻풀이

'소의 뿔을 바로 잡으려다 소를 죽인다'는 뜻이에요.

소의 뿔이 예쁘지 않아 강제로 가지런히 바꾸려다 소를 죽이는 것을 말하는데, 작은 부분을 고치다가 오히려 큰 부분을 잃는 것을 의미해요.

비슷한 성어

소탐대실 小貪大失
작은 것을 탐하다가 큰 것을 잃는다.

비슷한 속담

빈대 잡으려고 초가삼간 태운다.
손해 볼 것은 생각하지 않고 자기에게 마땅치 않은 것을 없애려고 덤빈다.

★ 욕심 ★

초성퀴즈

ㅅㄹㅅㅇ

私 利 私 慾

만화힌트 언제 쓰일까?

★정답★

사리사욕

私	利	私	慾
사사로울 **사**	이로울 **리**	사사로울 **사**	욕심 **욕**
(사심, 사유)	(이익, 예리)	(사죄, 사설)	(과욕, 식욕)

★ 뜻풀이

'사사로운 이익과 욕심' 이라는 뜻이에요.

자신의 이익을 챙기느라 계산적이고 이기적으로 행동하는 모습을 나타내는 말이에요.

비슷한 성어

사리사복 私利私腹

사사로운 이익과 욕심.

비슷한 속담

얌전한 고양이 부뚜막에 먼저 올라간다.

겉으로는 얌전하고 아무것도 못 할 것처럼 보이는 사람이, 딴짓하거나 자기 실속을 다 차리는 경우를 말한다.

★정답★

소탐대실

小	貪	大	失
작을 **소**	탐할 **탐**	큰 **대**	잃을 **실**
(소수, 소심)	(탐욕, 식탐)	(대중, 대회)	(실패, 실수)

★ 뜻풀이 '작은 것을 탐하다가 큰 것을 잃는다'는 뜻이에요.

작은 것에 욕심을 내다가 오히려 큰 것을 잃는 어리석은 모습을 나타낼 때 써요.

비슷한 성어 **교각살우** 矯角殺牛
잘못된 점을 고치려다가 그 정도가 지나쳐 오히려 일을 그르친다.

비슷한 속담 **한 푼 아끼다 백 냥 잃는다.**
작은 것을 아끼다 오히려 큰 손해를 본다.

★ 욕심 ★

초성퀴즈

ㅈㅇㅈㄷ

自 業 自 得

만화힌트 언제 쓰일까?

자업자득

自	業	自	得
스스로 **자**	업 **업**	스스로 **자**	얻을 **득**
(자신, 자기)	(수업, 졸업)	(자율, 각자)	(터득, 획득)

★ 뜻풀이

'자기가 저지른 일의 업보를 저 스스로 받는다'는 뜻이에요.

자기가 한 일의 결과는 자기에게 돌아온다는 말로, 보통은 부정적인 상황에서 써요.

비슷한 성어

양호유환 養虎遺患

호랑이를 길러 근심을 남긴다. 즉 문제가 될 것을 길러 걱정이 될 일을 당함.

비슷한 속담

제 꾀에 제가 넘어간다.

꾀를 내어 남을 속이려다 도리어 자기가 그 꾀에 속아 넘어간다.

생각해 보기

뜻이 비슷한 성어와 속담을 선으로 이어 보세요.

감탄고토

제 꾀에 제가 넘어간다.

소탐대실

양전한 고양이 부뚜막에 먼저 올라간다.

자업자득

한 푼 아끼다 백 냥 잃는다.

달면 삼키고 쓰면 뱉는다.

사리사욕

'노력'과 관련된 성어

노력은 목적을 이루기 위해 힘쓰는 것을 말해요.

무슨 일이든 잘하거나 성공하려면 노력이 필요해요.

노력하지 않으면 아무런 변화가 일어나지 않는답니다.

 노력과 관련된 성어를 한번 알아볼까요?

★ 노력 ★

ㅊㅈㅍㄱ
七顚八起

만화힌트 언제 쓰일까?

★정답★

칠전팔기

七	顚	八	起
일곱 **칠**	엎드러질 **전**	여덟 **팔**	일어날 **기**
(**칠**면조, **칠**색)	(**전**복, **전**말)	(**팔**도, **팔**자)	(**기**상, **기**침)

★ 뜻풀이

'일곱 번 넘어져도 여덟 번 일어난다'는 뜻이에요.

여러 번 실패해도 포기하지 않고 꾸준히 노력하는 것을 말해요. 일곱 번의 실패를 이기고 여덟 번째 도전한다는 것은 절대 포기하지 않고 끝까지 하겠다는 의지를 보이는 거랍니다.

비슷한 성어

백절불굴 百折不屈

어떠한 어려움에도 정신과 자세를 절대 굽히지 않는다.

비슷한 속담

열 번 찍어 안 넘어가는 나무 없다.

아무리 뜻이 굳은 사람이라도 여러 번 권하거나 달래면 결국 마음이 변한다. 즉 꾸준히 노력하면 안 되는 일이 없다.

★ 노력 ★

초성퀴즈
ㄷㄱㅁㅅ
大器晚成

만화힌트 언제 쓰일까?

열심히 해서 꼭 축구 선수로 성공하고 말 거야!

저 형은 30살인데 아직도 축구 선수 준비 중이래.

이제 포기해야 하지 않을까?

ㄷㄱㅁㅅ이랬어! 난 늦게라도 성공할 거라고!

키움 FC 입단

오랜 시간 노력한 ㄷㄱㅁㅅ형 선수!

★정답★

대기만성

大	器	晚	成
큰 대	그릇 기	늦을 만	이룰 성
(확대, 관대)	(악기, 기계)	(만기, 만학)	(성장, 완성)

★뜻풀이

'큰 그릇은 만드는 데 시간이 오래 걸린다'는 뜻이에요.

크게 될 사람은 오랜 노력과 시간을 쌓아, 늦게라도 능력을 발휘한다는 말이랍니다. 묵묵히 노력하면 언젠가는 성공할 수 있으니 포기하지 말아야겠죠?

비슷한 속담

한술 밥에 배부르랴
힘을 조금만 들이고는 큰 효과를 바랄 수 없다.

이를 두고 대기만성~

헛허! 드디어 성공했구나.

★ 노력 ★

초성퀴즈

ㅂㅊㅈㅇ

不 撤 晝 夜

만화힌트 언제 쓰일까?

 **정답**

불철주야

不	撤	晝	夜
아닐 **불**	거둘 **철**	낮 **주**	밤 **야**
(**불**가, **불**행)	(**철**거, **철**수)	(백**주**, **주**야)	(**야**광, **야**간)

★ **뜻풀이** '밤낮을 가리지 않는다'는 뜻이에요.

어떤 것에 몰두하여 쉴 틈 없이 일하고 노력하는 모습을 말해요.

비슷한 성어 **야이계주** 夜以繼晝

어떤 일에 몰두하여 조금도 쉴 새 없이 밤낮을 가리지 않는다.

비슷한 속담 **구르는 돌은 이끼가 안 낀다.**

부지런하고 꾸준히 노력하는 사람은 계속 발전한다.

★ 노력 ★

초성퀴즈

ㅅ ㄱ ㅊ ㄹ

三 顧 草 廬

만화힌트 언제 쓰일까?

축구팀에 꼭 필요한 친구인데, 도무지 들어올 생각을 안 하더라.
"운동 잘 한다고 소문 났어."
음...

아, 맞다! 떡볶이를 엄청나게 좋아 한다던데!
ㅅㄱㅊㄹ 작전을 써 볼까?

3일 내내 떡볶이를 사줬더니…
드디어…
O.K! 네 팀에 들어 갈게.
고마워.

어?
야구선수 였어?

★정답★

삼고초려

三	顧	草	廬
석 **삼**	돌아볼 **고**	풀 **초**	농막 **려**
(삼촌, 삼국)	(고객, 고려)	(화초, 초록)	(궁려, 결려)

★ 뜻풀이

'초가집을 세 번 방문한다'는 뜻이에요.

뛰어난 인재를 얻으려면 끈기와 진심을 다해야 한다는 말이에요. <삼국지>에서 유비가 뛰어난 전략가인 제갈량을 얻고 싶어 초가집을 세 번이나 찾아갔다는 이야기에서 유래했어요.

비슷한 성어

초려삼고 草廬三顧

인재를 얻으려고 참을성 있게 노력한다.

★ 노력 ★

ㅅㅎㅊㅇ
試行錯誤

만화힌트 언제 쓰일까?

★정답★

시행착오

試	行	錯	誤
시험 시	다닐 행	섞일 착	그릇할 오
(시험, 시합)	(여행, 행성)	(착각, 착시)	(오해, 오류)

★ 뜻풀이

'**시험과 실패를 반복하며 학습한다**'는 뜻이에요.

시험과 실패 끝에 우연히 성공한 것을 계속하다 보면 나중에는 시간을 절약하여 목표를 달성한다는 말이에요.

비슷한 속담

옥도 갈아야 빛이 난다.

고생을 겪으며 노력을 기울여야 뜻한 바를 이룰 수 있다.

 **정답**

우공이산

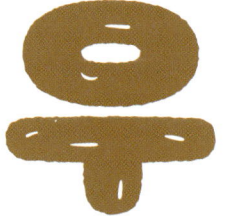			
어리석을 **우**	공평할 **공**	옮길 **이**	메 **산**
(우둔, 우롱)	(공정, 공주)	(이사, 이동)	(산림, 부산)

★ **뜻풀이** '어리석은 사람이 산을 옮긴다'는 뜻이에요.

남들이 보기엔 어리석은 일처럼 보여도, 한 가지만 파며 끝까지 노력하는 사람이 성공한다는 말이에요.

비슷한 속담 **지성이면 감천**

정성이 지극하면 하늘도 감동하여 도와준다. 즉 무슨 일이든 정성을 다하면 좋은 결과를 맺는다.

★ 노력 ★

초 성 퀴 즈

ㅈㅎㅇㅂ

轉　禍　爲　福

만화힌트 언제 쓰일까?

★정답★

전 화 위 복

轉	禍	爲	福
바꿀 전	재앙 화	할(될) 위	복 복
(전환, 반전)	(화근, 사화)	(행위, 위력)	(행복, 축복)

★ 뜻풀이

'화가 바뀌어 오히려 복이 된다'는 뜻이에요.

지금의 재앙이 언젠가는 복이 될 수 있고, 지금의 복이 언젠가는 재앙이 될 수 있어요. 그러니 지금 마주친 상황에 너무 집착하지 말라는 뜻을 말할 때 쓰지요. 불행한 일을 겪었다고 포기하지 말고, 좋은 일이 일어나도록 노력하는 자세가 중요하답니다.

비슷한 성어

새옹지마 塞翁之馬
좋은 일과 나쁜 일은 변화가 많아서 예측하기가 어렵다.

비슷한 속담

고생 끝에 낙이 온다.
어려운 일을 겪고 난 뒤에는 반드시 좋은 일이 생긴다.

생각해 보기

성어의 뜻을 보고 보기에서 알맞은 단어를 골라 성어를 만들어 보세요.

보기
칠 공 산 기 만 위 전 성
복 이 대 전 기 우 팔 화

① 어리석은 사람이 산을 옮긴다.

② 일곱 번 넘어져도 여덟 번 일어난다.

③ 화가 바뀌어 오히려 복이 된다.

④ 큰 그릇은 만드는 데 시간이 오래 걸린다.

'위기'와 관련된 성어

누구에게나 위기의 순간은 한 번씩 찾아오는데, 위기를 맞았을 때 포기하거나 절망하지 않고 잘 헤쳐 나갈 수 있어야 해요. 위기를 통해 우리는 성장하고 발전할 수 있기 때문이랍니다.

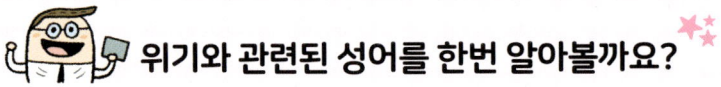
위기와 관련된 성어를 한번 알아볼까요?

★ 위기 ★

초성퀴즈

ㄱㅅㅇㅅ

九死一生

만화힌트 언제 쓰일까?

★정답★

구사일생

九	死	一	生
아홉 구	죽을 사	한 일	날 생
(구미호, 구십)	(생사, 사망)	(일체, 동일)	(선생, 학생)

★ 뜻풀이

'아홉 번 죽을 뻔하다 한 번 살아난다'는 뜻이에요.
여러 차례 위험한 상황을 넘기고 겨우 살아났을 때 쓰는 말이지요. 아주 힘들고 어려운 상황을 넘겼을 때 사용하기도 해요.

비슷한 성어

기사회생 起死回生
거의 죽을 뻔한 사람이 일어나 다시 살아난다.

비슷한 속담

하늘이 무너져도 솟아날 구멍이 있다.
아무리 어려운 경우에 처하더라도 살아 나갈 방법이 생긴다.

어머니 전 구사일생으로 살았어요.

너 또 PC방에 갈 거니?

으이그...

★ 위기 ★

ㄱㅅㅎㅅ
起死回生

만화힌트 언제 쓰일까?

정답

기사회생

起	死	回	生
일어날 기	죽을 사	돌아올 회	날 생
(기상, 상기)	(사활, 사인)	(회상, 회피)	(생활, 생일)

★ 뜻풀이

'거의 죽을 뻔한 사람이 일어나 다시 살아난다'는 뜻이에요. 죽을 고비를 겨우 넘기고 기적처럼 다시 살아난 상황을 두고 쓰는 말이에요. 또는 절망적인 위기에서 벗어났을 때 쓰기도 해요.

비슷한 성어

구사일생 九死一生
아홉 번 죽을 뻔하다 한 번 살아난다.

비슷한 속담

하늘이 무너져도 솟아날 구멍이 있다.
하늘이 무너지는 것 같은 어려운 상황에 부딪히더라도, 벗어날 길은 분명히 있다.

★ 위기 ★

초성퀴즈
ㅅㅁㅊㄱ
四面楚歌

만화힌트 언제 쓰일까?

앗! 앞에도… 옆에도…
와ー 와!
저기 있다. 잡아라!

뒤에도… 전부 포위가 되었구나…
ㅅㅁㅊㄱ구나.

에잇! 냇가에 탈출이다.
잡아라.
솨아아ー

꿈이었구나. 앗! 이불에 오줌을…

★정답★

사면초가

四	面	楚	歌
넉 사	낯 면	가시나무 초	노래 가
(사방, 사주)	(표면, 가면)	(고초, 청초)	(가요, 가사)

★ 뜻풀이

'사방에서 들리는 초나라의 노래'라는 뜻이에요.

동서남북을 다 살펴봐도 빠져나갈 수 없는 상황에서 쓰지요. 사면초가는 중국 초나라와 한나라의 전투에서 유래했어요. 한나라 군사들은 초나라 군사들을 포위한 채, 포로들에게 초나라 노래를 부르게 했어요. 가뜩이나 지친 초나라 군사들은 고향 노래를 듣자 마음이 약해져 군을 이탈했고, 초나라 군대를 이끌던 항우 역시 '한나라가 이미 초나라를 빼앗았구나. 그렇지 않으면 초나라 포로가 저렇게 많을 리 없지.' 하며 전쟁을 포기했대요. 그래서 도움받지 못하는 상황에 빠졌을 때 '사면초가에 있구나!' 하고 쓴답니다.

★ 위기 ★

ㅅㅇㅈㅁ
塞 翁 之 馬

만화힌트 언제 쓰일까?

★정답★

새옹지마

塞	翁	之	馬
변방 새	늙은이 옹	어조사 지	말 마
(요새, 방새)	(옹주, 옹온)		(경마, 마차)

★ 뜻풀이

'**변방에 사는 노인의 말**'이라는 뜻이에요.

시골에 살던 한 노인이 있었는데, 하루는 노인의 말이 달아났어요. 노인은 낙심했지만 그 말이 또 다른 말을 끌고 와 오히려 좋은 일이 되었어요. 그런데 노인의 아들이 그 말을 타다 다리가 부러져 또 슬픈 일이 되었어요. 하지만 다리를 다친 덕분에 전쟁에 끌려가지 않아 죽음을 면해 다시 좋은 일이 되었지요. 이처럼 모든 일은 좋은 일이 될 수도 있고 나쁜 일이 될 수도 있으니 너무 연연할 필요가 없다는 말을 할 때 쓰는 말이랍니다.

비슷한 성어

전화위복 轉禍爲福
재앙과 근심, 걱정이 바뀌어 오히려 복이 된다.

고마워요.

다리를 다치다니…
새옹지마네.
너 대신 말이라도
데려갈 거야.

★ 위기 ★

초	성	퀴	즈
ㅅ	ㅅ	ㄱ	ㅅ
雪	上	加	霜

만화힌트 언제 쓰일까?

앗! 또 늦었다. 관장님한테 혼나겠어. 어쩜 좋아?

PC방

어휴! 또 PC방이냐? 지각했으니 벌로 딱밤 한 대!

아얏!

어휴~ 왜 늦어가지고...

앗! 어, 엄마? ㅅㅅㄱㅅ이네.

우르르 꽈꽝

늦었다고...?

★정답★

설상가상

雪	上	加	霜
눈 설	위 상	더할 가	서리 상
(대설, 제설)	(세상, 상하)	(증가, 추가)	(상강, 상설)

★ 뜻풀이

'눈 위에 또 서리가 내린다'는 뜻이에요.

좋지 않은 일이 계속해서 일어날 때 쓰는 말이에요.

비슷한 성어

전호후랑 前虎後狼

앞문에서 호랑이를 막고 있으려니까 뒷문으로 늑대가 들어온다.

즉 나쁜 일이 끊임없이 생긴다.

비슷한 속담

엎친 데 덮치다.

어렵거나 나쁜 일이 겹쳐 일어난다.

오리무중

五	里	霧	中
다섯 오	마을 리	안개 무	가운데 중
(오감, 오미)	(이장, 향리)	(분무, 해무)	(중독, 중립)

★ 뜻풀이

'5리나 끼어 있는 짙은 안개 속에 있다'는 뜻이에요.

거리가 모두 안개로 덮여 있으면 앞이 보이지 않고 길을 찾기 어려운 것처럼, 어떻게 해야 할지 방향을 잡지 못하는 상황을 말해요.

★ 위기 ★

초성퀴즈

ㅈㅌㅇㄴ

進退兩難

만화힌트 언제 쓰일까?

★정답★

진퇴양난

進	退	兩	難
나아갈 진	물러날 퇴	두 양	어려울 난
(진행, 진화)	(퇴장, 탈퇴)	(양반, 양면)	(고난, 재난)

★ 뜻풀이

'나아갈 수도, 물러설 수도 없는 궁지에 빠졌다'는 뜻이에요.

선택하기 어려운 상황을 말해요.

비슷한 성어

사면초가 四面楚歌

아무에게도 도움을 받지 못하는 외롭고 곤란한 지경에 빠진 상황.

비슷한 속담

빼도 박도 못하다.

일이 몹시 난처하게 되어 그대로 할 수도 그만둘 수도 없다.

생각해 보기

그림을 보고 알맞은 사자성어를 써 보세요.

| 사 | 면 | | |

| 구 | 사 | | |

| 설 | 상 | | |

| 진 | 퇴 | | |

'학문' 과 관련된 성어

우리는 끊임없이 공부하며 지식을 쌓아야 해요.

세상을 살아가는 데 필요한 기본 지식뿐만 아니라 다양한

분야의 학문을 배우고 익혀야 지혜롭게 살아갈 수 있기 때문

이에요.

 학문과 관련된 성어를 한번 알아볼까요?

★ 학문 ★

초성퀴즈

ㅂㅎㄷㅅ
博 學 多 識

만화힌트 언제 쓰일까?

영어 단어 deer의 뜻은?
정답! 사슴!

수나 식을 합하여 계산하는 것은?
정답! 덧셈!

우리가 살고 있는 행성의 이름은?
정답! 지구!

정말 모르는 것 없이 ㅂㅎㄷㅅ 하네.

 **정답**

박학다식

博	學	多	識
넓을 박	배울 학	많을 다	알 식
(박사, 박식)	(학교, 방학)	(다행, 과다)	(지식, 상식)

★ **뜻풀이**

'학문이 넓고 식견이 많다'는 뜻이에요.

많이 배워서 아는 것이 많은 사람에게 쓰는 말이에요.

비슷한 성어

무불통지 無不通知

무엇이든 다 알아서 모르는 것이 없다.

★ 학문 ★

초성퀴즈

ㅇㅇㄷㄱ

牛耳讀經

만화힌트 언제 쓰일까?

우이독경

牛	耳	讀	經
소 **우**	귀 **이**	읽을 **독**	글 **경**
(**우**유, 한**우**)	(**이**목, **이**명)	(**독**서, 낭**독**)	(**경**서, 불**경**)

★ 뜻풀이 '쇠귀에 경 읽기'라는 뜻이에요.

'쇠귀'는 소의 귀를 말해요. 소에게 글을 읽어 주면 어떨까요? 소가 알아듣지 못하겠죠? 이처럼 아무리 좋은 것을 알려 줘도 알아듣지 못할 때 쓴답니다.

비슷한 성어 **마이동풍** 馬耳東風
동풍이 말의 귀를 스쳐 지나간다. 즉 남의 말을 귀담아듣지 않는다.

비슷한 속담 **쇠귀에 경 읽기**
아무리 가르치고 일러 주어도 알아듣지 못하고 효과가 없다.

★ 학문 ★

초성퀴즈

ㅇ ㅊ ㅇ ㅈ

日 就 月 將

만화힌트 언제 쓰일까?

엄마, 또 노래 대회에서 1등 상 받았어.

날이 갈수록 노래 실력이 느니까 여러 상도 받고 ㅇㅊㅇㅈ이네.

오빠는 먹기만 하고…

걱정하지 마세요. 저는 뭐든 잘 먹고 튼튼해지면 나중에…

가수가 된 제 동생을 지키는 경호원이 될 거예욧!

어휴…

그 배로 할 수 있겠어?

★ 정답 ★

일취월장

日	就	月	將
날 **일**	나아갈 **취**	달 **월**	장수 **장**
(일기, 요일)	(성취, 취침)	(세월, 월급)	(장군, 대장)

★ 뜻풀이

'날마다 달마다 성장하고 발전한다'는 뜻이에요.

하루가 지나면 새로운 것을 알고, 한 달이 지나면 더 나아가 많은 것을 이루는 모습이에요. 끊임없이 노력하여 점점 발전하는 것을 말할 때 쓰지요.

비슷한 성어

일진월보 日進月步
나날이 나아가고 다달이 진보한다.

★ 학문 ★

초성퀴즈

ㅊㅊㅇㄹ

青 出 於 藍

만화힌트 언제 쓰일까?

스님! 귀신 물리치는 비법을 가르쳐 주세요.
받아 주시면 청소, 빨래 다 할게요.

1년 뒤
허허. 이제 더 이상 가르칠 것이 없구나. ㅊㅊㅇㄹ이니 나가도 된다. 아참, 빨래하고 가라.
네.

뭐야?
웬 놈이냐?
흣흣

진공
청소기!!
으악!
악!
흐음… 과연 ㅊㅊㅇㄹ…

★정답★

청출어람

靑	出	於	藍
푸를 청	날 출	어조사 어	쪽 람
(청운, 청산)	(출발, 일출)		(남색, 남청)

★ 뜻풀이

'쪽에서 뽑은 푸른 물감이 쪽보다 더 푸르다'는 뜻으로 스승에게 배운 제자가 스승보다 실력이 나은 것을 뜻해요. 쪽은 푸른 물감을 만드는 풀을 말하는데, 쪽에서 뽑은 푸른 물감이 쪽보다 더 선명해서 이런 표현이 나왔다고 해요.

비슷한 속담

나중에 난 뿔이 우뚝하다.
나중에 생긴 것이 먼저 생긴 것보다 더 훌륭하다.

★ 학문 ★

초성퀴즈

ㅇ ㄱ ㅈ ㅅ

溫 故 知 新

만화힌트 언제 쓰일까?

온고지신

溫	故	知	新
익힐 온	옛 고	알 지	새로울 신
(온도, 온수)	(고국, 고의)	(인지, 지혜)	(신문, 최신)

★ 뜻풀이 '옛것을 익혀서 새것을 앎'이라는 뜻이에요.

우리가 과거의 경험과 지식을 배우는 이유는 그것을 바탕으로 지식을 확장하여 현재의 문제를 해결할 수 있기 때문이랍니다.

비슷한 성어 **법고창신** 法古創新
옛 법을 바탕으로 새로운 것을 창조한다.

★ 학문 ★

ㅈㄱㅇㄷ
晝耕夜讀

만화힌트 언제 쓰일까?

낮에 일하고…

밤에는 공부하고… 무슨 일이 있어도 포기하지 말자!

꾸준히 밤낮으로 열심히 하여…

ㅈㄱㅇㄷ 끝에 드디어 훈이는 변호사, 철이는 의사로 나란히 성공했다.

우리는 ㅈㄱㅇㄷ으로 공부한 거야.

주경야독

晝	耕	夜	讀
낮 **주**	밭갈 **경**	밤 **야**	읽을 **독**
(주간, 주**야**)	(경작, 농경)	(심**야**, **야**경)	(정**독**, 구**독**)

★ 뜻풀이

'낮에는 농사를 짓고 밤에는 공부한다'는 뜻이에요.

어려움 속에서도 공부하는 모습을 나타낸 말이에요. 옛날에는 가난한 선비들이 끼니를 위해 낮에는 밭을 갈고 밤이 되어서야 공부를 했답니다.

비슷한 성어

청경우독 晴耕雨讀

날이 개면 논밭을 갈고 비가 오면 글을 읽는다. 즉 부지런히 일하며 공부한다.

★ 학문 ★

초성 퀴즈

ㅊ ㅈ ㅇ ㄱ

初 志 一 貫

만화힌트 언제 쓰일까?

★정답★

초지일관

初	志	一	貫
처음 초	뜻 지	한 일	꿸 관
(초심, 초보)	(의지, 심지)	(일부, 균일)	(관통, 관록)

★ 뜻풀이

'**처음에 세운 뜻을 끝까지 밀고 나간다**'는 뜻이에요.

목표를 세우고, 세운 목표를 위해 끊임없이 노력하면 결국 성공할 수 있다는 교훈이 담겨 있지요.

비슷한 속담

한 우물 파다.
한 가지 일에 몰두하여 끝까지 하다.

★ 학문 ★

ㅎㅅㅈㄱ
螢雪之功

만화힌트 언제 쓰일까?

정답

형설지공

螢	雪	之	功
반딧불이 **형**	눈 **설**	어조사 **지**	공 **공**
(형광, 형광등)	(폭설, 설경)		(공로, 성공)

★ 뜻풀이

'반딧불과 눈의 빛으로 이룬 공'이라는 뜻이에요.

공부하기 어려운 상황에서도 반딧불과 눈의 빛으로 공부하여 얻은 성공을 말해요. 어려운 상황이라도 하고자 하는 마음만 있다면 공부해서 성공할 수 있다는 뜻이랍니다.

비슷한 성어

손강영설 孫康映雪

눈의 빛에 책을 비추어 읽으며 어려운 가운데 열심히 공부한다.

생각해 보기

빈칸에 들어갈 성어를 찾아 이어 주세요.

너는 ○○○○ 그 아이만 좋아하는구나!

매일 축구 연습을 하더니 실력이 ○○○○이네!

초지일관

일취월장

○○○○이라더니, 실력이 선생님보다 뛰어나구나!

○○○○으로 어렵게 공부하더니, 드디어 합격했구나!

주경야독

청출어람

'교훈'과 관련된 성어

교훈은 '올바른 행동에 도움을 주는 가르침'이라는 뜻이에요. 사람은 누구나 완벽하지 않아서, 때로는 의도치 않게 실수하거나 잘못해요. 하지만 이런 경험에서 교훈을 얻는다면 미래에 더 나은 선택을 할 수 있고, 더 나은 사람이 될 수 있어요. 교훈은 우리의 삶을 더 의미 있게 만든답니다.

 교훈과 관련된 성어를 한번 알아볼까요?

★ 교훈 ★

초성퀴즈
ㅇ ㅂ ㅁ ㅎ
有 備 無 患

만화힌트 언제 쓰일까?

시험도 아닌데 웬 공부?

미리 미리 준,비,해야지!

얼마 후

1등

나도 준비할걸!

우하하하! ㅇㅂㅁㅎ 이라고!

유비무환

有 / 備 / 無 / 患

있을 유 (유명, 유익) / 갖출 비 (준비, 수비) / 없을 무 (무시, 무료) / 근심 환 (환자, 질환)

★ 뜻풀이 '**준비가 있으면 근심이 없다**'는 뜻이에요.

어떤 상황이 닥칠 것을 대비해 항상 미리 준비하면 그 상황이 오더라도 걱정하지 않고 해결할 수 있어요.

비슷한 성어 **안거위사** 安居危思

편안할 때 언제 닥칠지 모르는 위험에 대비한다.

비슷한 속담 **넘어지기 전에 지팡이 짚다.**

어떤 일에 실패하거나 화를 입기 전에 미리 준비한다.

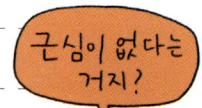

★ 교훈 ★

초성퀴즈
ㅌ ㅅ ㅈ ㅅ
他 山 之 石

만화힌트 언제 쓰일까?

타산지석

他	山	之	石
다를 **타**	메 **산**	어조사 **지**	돌 **석**
(기**타**, 이**타**)	(등**산**, **산**소)	(보**석**, 자**석**)

※ 주: '어조사 지' 아래는 원문에 예시 없음

★ 뜻풀이

'다른 산의 돌'이라는 뜻으로 다른 산에서 나는 거칠고 나쁜 돌이라도 내 옥을 가는 데 큰 도움이 된다는 의미예요.

쓸모없어 보이는 것도 쓰는 방법에 따라 유용하게 쓸 수 있으며, 다른 사람의 사소한 말이나 실수도 나에게 커다란 교훈이나 도움이 될 수 있답니다.

비슷한 성어

반면교사 反面敎師
사람이나 사물의 부정적인 면에서 깨달음이나 가르침을 얻는다.

★ 교훈 ★

초성퀴즈

ㄱ ㄱ ㅊ ㅅ
改 過 遷 善

만화힌트 언제 쓰일까?

★정답★

개과천선

改	過	遷	善
고칠 개	지날 과	옮길 천	착할 선
(개명, 개선)	(사과, 과거)	(변천, 천도)	(최선, 선심)

★ 뜻풀이

'지난날의 잘못이나 행동을 고쳐 올바르고 착하게 된다'

는 뜻이에요. 누구나 잘못할 수 있어요. 그런데 잘못인 것을 알고도 고치지 않으면 사람들과 잘 지내기 어려워요. 그러니, 항상 잘못을 인정하고 개선하는 노력을 해야 한답니다.

비슷한 성어

회과천선 悔過遷善
잘못을 뉘우치고 착한 일을 한다.

★ 교훈 ★

초성퀴즈

ㄱ ㅅ ㅈ ㅇ

勸 善 懲 惡

만화힌트 언제 쓰일까?

★정답★

권선징악

勸	善	懲	惡
권할 **권**	착할 **선**	혼날 **징**	악할 **악**
(권유, 권장)	(선행, 선방)	(징계, 응징)	(악마, 악취)

★ 뜻풀이

'착한 일은 권장하고 악한 일은 징계한다' 는 뜻이에요.

우리나라의 전래동화를 보면 대부분 권선징악의 교훈을 담고 있어요. 주로 다 같이 사는 사회에서 도덕적 가치를 전달하는 역할을 했답니다.

비슷한 성어

창선징악 彰善懲惡

착한 일은 찬양하여 드러내고 악한 일은 징벌한다.

비슷한 속담

죄는 지은 데로 가고 덕은 닦은 데로 간다.

죄를 지으면 벌을 받고 덕을 쌓으면 복을 받는다.

근묵자흑

近	墨	者	黑
가까울 근	먹 묵	놈 자	검을 흑
(최근, 친근)	(묵필, 수묵)	(부자, 저자)	(암흑, 흑백)

★ 뜻풀이

'먹을 가까이하면 자신도 검어진다'는 뜻이에요.

나쁜 사람을 만나면 나쁜 것에 물들기 쉽다는 말이지요. 사람은 주위 환경에 따라 변할 수 있으므로, 좋은 환경, 좋은 사람과 함께 지내야 바른 방향으로 나아갈 수 있답니다.

비슷한 성어

마중지봉 麻中之蓬

곧은 삼밭 속에서 자란 쑥이 곧게 자라듯 선한 사람을 사귀면 같이 선해진다.

★ 교훈 ★

초성 퀴즈
ㅅ ㅍ ㄱ ㅈ
事 必 歸 正

만화힌트: 언제 쓰일까?

★ 정답 ★

사필귀정

事	必	歸	正
일 **사**	반드시 **필**	돌아올 **귀**	바를 **정**
(인**사**, 식**사**)	(**필**요, **필**수)	(복**귀**, **귀**가)	(**정**직, 단**정**)

★ 뜻풀이

'**무슨 일이든 반드시 옳은 길로 돌아간다**'는 뜻이에요.

처음에는 옳고 그름을 알지 못하여 일시적으로 그른 곳에 갈 수 있지만, 결국엔 바른길로 돌아온대요. 정직하고 성실하게 옳다고 여기는 일을 한다면 모든 일이 뜻대로 이루어지겠죠?

비슷한 성어

사불범정 邪不犯正
바르지 못한 것은 바른 것을 건드리지 못한다. 즉 정의가 반드시 이긴다.

★ 교훈 ★

초성 퀴즈
ㅇㄱㅇㅂ
因果應報

만화힌트 언제 쓰일까?

★정답★

인과응보

因	果	應	報
인할 **인**	열매 **과**	응할 **응**	갚을 **보**
(원인, 인연)	(결과, 효과)	(응원, 적응)	(보답, 속보)

★ 뜻풀이

'원인과 결과는 서로 물고 물린다'는 뜻이에요.

좋은 일에는 좋은 결과가 따르고, 나쁜 일에는 나쁜 결과가 따른다는 의미예요. 내가 어떻게 하는지에 따라 결과가 나타난다고 하니 좋은 결과를 얻도록 노력해야겠어요.

비슷한 성어

종두득두 種豆得豆

콩을 심으면 반드시 콩이 나오듯, 모든 결과는 원인이 있다.

비슷한 속담

콩 심은 데 콩 나고 팥 심은 데 팥 난다.

모든 일은 원인에 따라서 결과가 나온다.

생각해 보기

성어를 보고 알맞은 뜻을 찾아 선으로 이어 보세요.

| 개과천선 ★ | ★ 준비가 있으면 근심이 없다. |

| 근묵자흑 ★ | ★ 모든 일의 결과는 그에 따른 원인이 있다. |

| 유비무환 ★ | ★ 먹을 가까이하면 자신도 검어진다. |

| 인과응보 ★ | ★ 지난날의 잘못이나 행동을 고쳐 올바르고 착하게 된다. |

'순리'와 관련된 성어

순리는 자연스럽게 주어진 상황과 순서에 맞게 흘러가는 것을 말해요. 나쁜 일이 지나가면 좋은 일이 다가오는 것처럼요. 나쁜 일이 생겼을 때 너무 좌절하고 슬퍼하지 말고 훌훌 털어 내면 좋은 일이 생길 거랍니다.

 순리와 관련된 성어를 한번 알아볼까요?

★ 순리 ★

초성퀴즈

ㄱ ㅈ ㄱ ㄹ
苦 盡 甘 來

만화힌트 언제 쓰일까?

★정답★

고진감래

苦	盡	甘	來
괴로울 고	다할 진	달 감	올 래
(고뇌, 고전)	(매진, 소진)	(감태, 감초)	(내일, 장래)

★ 뜻풀이

'쓴 것이 다하면 단 것이 온다'는 뜻이에요.

괴로운 일 끝에는 반드시 좋은 일이 찾아온다는 말이에요.

비슷한 속담

고생 끝에 낙이 온다.

어려운 일이나 고된 일을 겪은 뒤에는 반드시 즐겁고 좋은 일이 생긴다.

★정답★

등고자비

登	高	自	卑
오를 등	높을 고	스스로 자	낮을 비
(등교, 등반)	(최고, 고급)	(자동, 자만)	(비겁, 비하)

★ 뜻풀이

'높은 곳에 오르려면 낮은 곳에서부터 올라야 한다'는 뜻이에요. 모든 일에는 순서와 단계가 있다는 말이에요. 기초가 튼튼해야 튼튼한 성을 쌓을 수 있는 것처럼요.

비슷한 속담

천 리 길도 한 걸음부터
아무리 큰일이라도 작은 일부터 시작되므로, 일의 시작이 중요하다.

★ 순리 ★

초 성 퀴 즈

ㅎ ㅁ ㅅ ㅅ
興 亡 盛 衰

만화힌트 언제 쓰일까?

★정답★

흥망성쇠

興	亡	盛	衰
일어날 흥	망할 망	성할 성	쇠할 쇠
(흥미, 즉흥)	(도망, 멸망)	(무성, 극성)	(쇠약, 노쇠)

★ 뜻풀이

'흥하고 망하고 성하고 쇠하는 일'이라는 뜻이에요.

어떤 일이나 상황이 번갈아 가며 일어날 때 쓰지요. 살다 보면 좋은 일이 일어날 때도 있고, 어려운 일이 일어날 때도 있어요. 모든 일에서 배우려고 한다면 우리는 더 성장할 수 있고 더 나은 사람이 될 수 있답니다.

비슷한 성어

영고성쇠 榮枯盛衰
꽃이 피었다가 지듯, 흥할 때도 있고 망할 때도 있다.

비슷한 속담

효자 끝에 불효 나고 불효 끝에 효자 난다.
세상의 모든 일에는 흥망성쇠가 있다.

흥망성쇠 하면서 꼭 성공해!

넵!

생각해 보기

뜻을 읽어 보고 알맞은 성어를 찾아 동그라미 해 보세요.

❶ 고생이 끝나면 좋은 일이 찾아와~!

❷ 흥했다가 망했다가를 반복하지!

등	흥	망	성	쇠
고	진	감	래	역
자	선	견	지	명
비	용	사	나	노
하	지	인	보	장

❸ 높은 산을 오르려면 낮은 데부터 올라야 해!

'기타 성어'

일상생활에서 자주, 많이 쓰이는 성어를 모아 놓았어요. 많이 들어 봤지만 정확한 뜻을 몰랐다면, 이번 장을 통해 뜻을 이해하고 대화할 때 사용해 보세요. 문해력, 어휘력이 쭉 올라갈 거랍니다.

 한번쯤 들어 본 성어가 있는지 알아볼까요?

★ 기타

초성퀴즈

ㅁㅅㅁㅎ
莫 上 莫 下

만화힌트 언제 쓰일까?

★정답★

막상막하

莫	上	莫	下
없을 막	위 상	없을 막	아래 하
(막중, 막역)	(정상, 조상)	(막론, 막강)	(폄하, 하교)

★ 뜻풀이 '어느 것이 위고 아래인지 분간할 수 없다'는 뜻으로 실력이 비슷하여 누가 잘하고 못하는지 구별하기 어려울 때 쓰는 말이에요.

비슷한 성어 **난형난제** 難兄難弟
누구를 형이라 하고 누구를 아우라 하기 어렵다. 즉 두 사물이 비슷하여 낫고 못함을 정하기 어렵다.

비슷한 속담 **도토리 키 재기**
정도가 고만고만한 사람끼리 서로 다투다.

너랑 나랑 게임에서 막상막하…

공부도 그래~

★ 기타 ★

초성퀴즈

ㅂ ㅂ ㅂ ㅈ

百 發 百 中

만화힌트 언제 쓰일까?

쐈다 하면…

명중이야.

또 쏘면…

ㅂㅂㅂㅈ이야.

바보야! 그건 물결이잖아.
아, 그렇구나. 과녁처럼 보였나 보다.

★정답★

백발백중

百	發	百	中
일백 **백**	필 **발**	일백 **백**	가운데 **중**
(백성, 백제)	(발표, 발견)	(백합, 백일)	(적중, 중단)

★ 뜻풀이

'백 번 쏘아 백 번 맞힌다'는 뜻이에요.

쏘기만 하면 명중하거나 계획, 생각한 것이 모두 이루어질 때 쓰는 말이에요.

비슷한 성어

일발필중 一發必中

한 번 쏘아 반드시 맞힌다.

★ 기타 ★

초성퀴즈

ㅅㄱㅈㅁ

先 見 之 明

만화힌트 언제 쓰일까?

★정답

선견지명

先	見	之	明
먼저 선	볼 견	어조사 지	밝을 명
(선배, 우선)	(의견, 참견)		(설명, 조명)

★뜻풀이

'앞을 내다보는 안목'이라는 뜻이에요.

다가올 일을 예측하고 행동하는 사람을 '선견지명이 있다'고 표현해요. 사람은 미래를 정확히 알 수 없어요. 하지만 실패와 경험이 쌓이면 앞날을 내다볼 수 있고 대비할 수 있는 지혜가 생겨서 위기에 부딪혀도 좀 더 현명하게 해결할 수 있답니다.

외유내강

外	柔	內	剛
바깥 외	부드러울 유	안 내	굳셀 강
(제외, 외부)	(유연, 유약)	(실내, 안내)	(강건, 강단)

★ **뜻풀이** '겉으로 보기에는 부드러우나 속은 꿋꿋하고 강하다'는 뜻이에요. 겉모습은 약하고 부드러워 보이지만, 사실은 강한 의지와 단단한 마음을 가진 사람을 두고 하는 말이에요.

비슷한 성어 **내강외유** 內剛外柔
겉으로는 부드럽고 순하게 보이나 속은 곧고 굳세다.

156

인산인해

人	山	人	海
사람 **인**	메 **산**	사람 **인**	바다 **해**
(인간, 인성)	(산행, 산삼)	(개인, 인형)	(해일, 발해)

★ **뜻풀이** : '**사람이 산을 이루고 바다를 이룬다**'는 뜻이에요.

사람이 헤아릴 수 없이 많아서 그 모습이 마치 산과 바다 같다는 표현이지요. 주로 사람들이 한 장소에 발 디딜 틈 없이 많이 모여 있을 때 쓰는 말이에요.

비슷한 성어

비견계종 比肩繼踵
어깨를 나란히 하고 뒤꿈치를 잇는다. 즉 몸이 닿을 정도로 사람이 많다.

★ 기타 ★

초성퀴즈

ㅅ ㅅ ㅅ ㅇ

殺 身 成 仁

만화힌트 언제 쓰일까?

왱~
앵~ 앵~
아얏~ 모기다!
나도 물렸어.

내가 ㅅㅅㅅㅇ 해서 잡을게. 모두 나가 있어!

드디어 내가 잡았어, 얘들아!
대단해.
와!

살신성인

殺	身	成	仁
죽일 **살**	몸 **신**	이룰 **성**	어질 **인**
(묵살, 살기)	(신체, 대신)	(성공, 성적)	(인자, 용인)

★ 뜻풀이 '자기를 희생하여 옳은 일을 이룬다'는 뜻이에요.

몸과 마음을 바치면서까지 옳은 일에 힘쓰는 자세를 표현할 때 써요. 예를 들어 우리나라 독립운동가들은 나라와 민족을 위해 살신성인의 자세로 몸 바친 분들이랍니다.

비슷한 성어

사생취의 捨生取義
목숨을 버리고 의를 좇는다. 즉 죽더라도 옳은 일을 한다.

★ 기타 ★

초성퀴즈

ㄱ ㅊ ㅂ ㅇ
結 草 報 恩

만화힌트 언제 쓰일까?

살려 줄테니 내게 **ㄱㅊㅂㅇ** 하거라.

네, 네 고맙습니다.

다음 날

고양이님, 목숨 살려 주셔서 선물해 드리고 싶습니다.

선물? 좋지~

잡아먹으려고 했는데 선물 때문에 참았다.

오~ 멋진 목걸이네!!

멋집니다. 고양이님!

목걸이에 위치 추적기 달았더니 너무 잘 보이네.

와, 와— 찍찍

지금 작은 방에 있다. 찍찍

★ 정답

결초보은

結	草	報	恩
맺을 **결**	풀 **초**	갚을 **보**	은혜 **은**
(연결, 결국)	(난초, 약초)	(정보, 보상)	(은혜, 은인)

★ 뜻풀이

'풀을 묶어서 은혜를 갚는다'는 뜻이에요.

옛날 중국에 위과라는 사람이 있었어요. 어느 날 위과의 아버지는 자신이 위독해지자 아끼던 여인을 함께 묻어 달라는 유언을 남기고 세상을 떠났어요. 하지만 위과는 괜한 죽음을 당하는 여인이 불쌍해서 그러지 않았어요. 세월이 흘러 위과가 전쟁에서 적군을 쫓는데, 갑자기 무덤 위의 풀이 묶이며 적이 넘어졌어요. 그날 밤, 위과의 꿈에 한 노인이 나타나 말했어요. "나는 당신이 살려준 여인의 아버지입니다. 오늘 풀을 묶어 내 딸을 살려 준 은혜에 보답했습니다."라고 했대요. 이 이야기에서 결초보은이라는 말이 생겼답니다.

★ 기타 ★

초성퀴즈

ㄷㅅㅇㅁ

同牀異夢

만화힌트 언제 쓰일까?

★정답★

동상이몽

		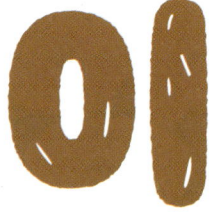	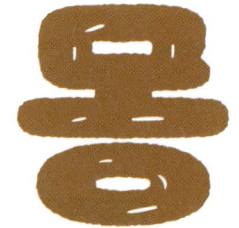
같을 동	평상 상	다를 이	꿈 몽
(동료, 협동)	(침상, 평상)	(이의, 변이)	(악몽, 태몽)

★ 뜻풀이   '**같은 침대에서 서로 다른 꿈을 꾼다**'는 뜻이에요.

같은 침대에서 잔다고 같은 꿈을 꾸는 게 아닌 것처럼, 겉으로는 같은 생각을 하는 것처럼 보여도 속으로는 다른 생각을 하는 것을 말해요.

비슷한 성어   **표리부동** 表 裏 不 同

겉으로 드러나는 말과 속으로 가지는 생각이 다르다.

★ 기타 ★

ㅇㄱㅇㄷ
一擧兩得

만화힌트 언제 쓰일까?

★정답★

일거양득

一	擧	兩	得
한 일	들 거	두 양	얻을 득
(일각, 일절)	(선거, 거수)	(양서류, 양극)	(설득, 이득)

★뜻풀이
'**한 번 들어 둘을 얻는다**'는 뜻이에요.

한 가지 일을 해서 두 가지 이익을 얻을 때를 말해요.

비슷한 성어
일석이조 一石二鳥

돌 한 개를 던져서 새 두 마리를 잡는다. 즉 동시에 두 가지 이득을 본다.

비슷한 속담
도랑 치고 가재 잡는다.

물이 잘 흐르라고 도랑(좁은 개울)을 치웠을 뿐인데 가재가 잡혔다.

즉 한 가지 일로 두 가지 이익을 얻었을 때 쓴다.

★ 기타 ★

ㅅㅅㅅㄱ
深 思 熟 考

만화힌트 언제 쓰일까?

★ 정답 ★

심사숙고

深	思	熟	考
깊을 **심**	생각 **사**	익을 **숙**	생각할 **고**
(심화, 심해)	(사색, 사료)	(숙면, 친숙)	(참고, 고증)

★ 뜻풀이

'깊이 생각하고 또 생각한다'는 뜻이에요.

무슨 일을 결정하거나 행동할 때, 신중하게 고민하는 일은 아주 중요해요. 실수를 줄일 수 있고, 불필요한 시간 낭비를 막을 수 있답니다.

비슷한 성어

심 사 숙 려 深 思 熟 慮
깊이 생각하고 고려한다.

비슷한 속담

돌다리도 두들겨 보고 건너라
잘 아는 일이라도 세심하게 주의해야 한다.

168

★ 기타 ★

초성퀴즈

ㅎ ㄹ ㅈ ㅊ

畫 龍 點 睛

만화힌트 언제 쓰일까?

벽에 그린 용의 눈에 눈동자를 그려 넣었더니…

벽에서 용이 살아 나와 하늘로 날아갔단다.

그래서 ㅎㄹㅈㅊ이라고… 나도 그 화가처럼 라면 그려 볼게.

와~ 잘 그리는데…

가장 중요한 김치도 그리면…

아니? 이럴 수가 진짜 라면이다.

말도 안돼.

툭!

★정답★

화룡점정

畫	龍	點	睛
그림 화	용 룡	점찍을 점	눈동자 정
(영화, 만화)	(공룡, 용궁)	(점심, 장점)	(안정, 흑정)

★ 뜻풀이 '벽에 그린 용에 눈동자를 그려 넣은 즉시 용이 하늘로 올라갔다'는 뜻이에요. 무슨 일을 할 때 가장 중요한 부분을 완성하여 일을 완벽하게 마무리하는 것을 말해요.

그림과 초성을 보고 알맞은 성어를 써 보세요.

➡ _____

➡ _____

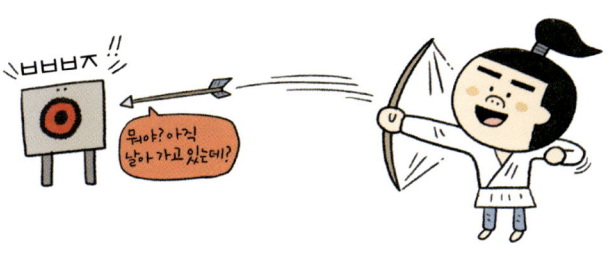

➡ _____

➡ _____

사자성어 모음

· **굵은 글씨**는 본문에서 주제로 다루는 개념입니다.

ㄱ

감언이설	38
감탄고토	60
개과천선	130
견물생심	62
결초보은	162
고진감래	142
과유불급	64
관포지교	14
교각살우	64, 66, 70
교언영색	38
구사일생	92, 94
권선징악	132
근묵자흑	134
기사회생	92, 94

ㄴ

난형난제	150
내강외유	156
노심초사	50

ㄷ

다감다정	10
다정다감	10
담소자약	56
대기만성	78
동고동락	12
동문서답	32
동병상련	18, 20
동상이몽	164
동주상구	18
등고자비	144

ㅁ

마이동풍	110
마중지봉	134
막상막하	150
무불통지	108
문동답서	32

ㅂ

박학다식	108
반면교사	128
백발백중	152
백절불굴	76
법고창신	116
불철주야	80
비견계종	158
비석지심	46

ㅅ

사리사복	68
사리사욕	68
사면초가	96, 104
사불범정	136
사생동고	12
사생취의	160
사필귀정	136
살신성인	160
삼고초려	82
새옹지마	88, 98
선견지명	154
설상가상	100
성심성의	52
소탐대실	66, 70
손강영설	122
수어지교	14
시행착오	84
심사숙고	168
심사숙려	168

172

ㅇ

안거위사	126
야이계주	80
양호유환	72
언중유골	**28**
언중유언	28
언행일치	**30**
여출일구	34
역지개연	22
역지사지	**22**
영고성쇠	146
오리무중	**102**
온고지신	**116**
외유내강	**156**
우공이산	**86**
우이독경	**110**
유구무언	**26**
유비무환	**126**
유언비어	**40**
유유상종	**20**
이구동성	**34**
이체동심	44
인과응보	**138**
인산인해	**158**
일거양득	**166**
일발필중	152
일석이조	166
일심동체	**44**
일진월보	112
일취월장	**112**
일편단심	**46**

ㅈ

자격지심	**48**
자괴지심	48
자업자득	**72**
전호후랑	100
전화위복	**88, 98**
종두득두	138
주경야독	**118**
죽마고우	**16**
진퇴양난	**104**

ㅊ

창선징악	132
청경우독	118
청산우수	36
청산유수	**36**
청출어람	**114**
초려삼고	82
초심고려	50
초지일관	**120**
총죽지교	16
칠전팔기	**76**

ㅌ

타산지석	**128**
태연자약	**56**
토사구팽	60

ㅍ

| 표리부동 | 164 |

ㅎ

허심탄회	**54**
형설지공	**122**
화룡점정	**170**
회과천선	130
훼장삼척	26
흥망성쇠	**146**

한자의 특징

모양(자형)

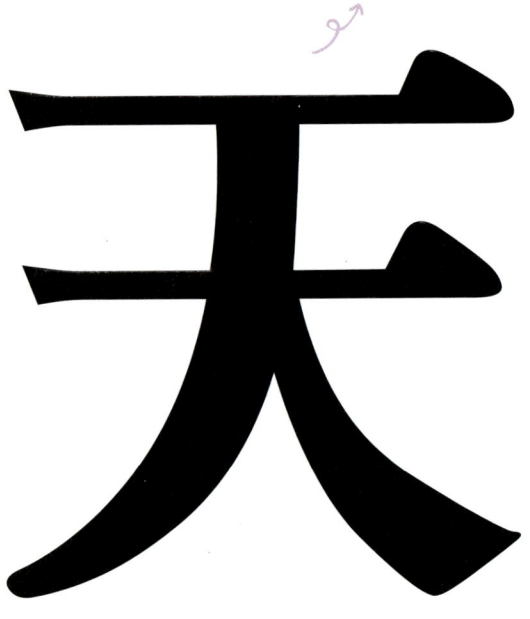

소리(음):천

뜻(훈):하늘

한자는 **모양, 뜻, 소리**로 이루어졌습니다.
글자의 모양을 자형(字形), 뜻을 훈(訓),
소리를 음(音)이라고 합니다.

174　　　　　　　　　　　알아 두면 좋은 급수 한자(8급~7급) ▶

8급 한자 (총 50자)

*한국어문회 급수 한자 기준

教	校	九	國	軍	金	南	女
가르칠 교	학교 교	아홉 구	나라 국	군사 군	쇠 금	남녘 남	계집 녀
年	大	東	六	萬	母	木	門
해 년	큰 대	동녘 동	여섯 륙	일만 만	어미 모	나무 목	문 문
民	白	父	北	四	山	三	生
백성 민	흰 백	아비 부	북녘 북	넉 사	메 산	석 삼	날 생
西	先	小	水	室	十	五	王
서녘 서	먼저 선	작을 소	물 수	집 실	열 십	다섯 오	임금 왕
外	月	二	人	一	日	長	弟
바깥 외	달 월	두 이	사람 인	한 일	날 일	길 장	아우 제
中	靑	寸	七	土	八	學	韓
가운데 중	푸를 청	마디 촌	일곱 칠	흙 토	여덟 팔	배울 학	나라 한
兄	火						
형 형	불 화						

준 7급 한자 (총 100자 / 8급 한자 포함)

家 집 가	間 사이 간	江 강 강	車 수레 거	工 장인 공	空 빌 공	氣 기운 기	記 기록할 기
男 사내 남	內 안 내	農 농사 농	答 대답할 답	道 길 도	動 움직일 동	力 힘 력	立 설 립
每 매양 매	名 이름 명	物 물건 물	方 모 방	不 아닐 부	事 일 사	上 위 상	姓 성씨 성
世 인간 세	手 손 수	市 저자 시	時 때 시	食 먹을 식	安 편안 안	午 낮 오	右 오른쪽 우
子 아들 자	自 스스로 자	場 마당 장	全 온전할 전	前 앞 전	電 번개 전	正 바를 정	足 발 족
左 왼쪽 좌	直 곧을 직	平 평평할 평	下 아래 하	漢 한나라 한	海 바다 해	話 말씀 화	活 살 활
孝 효도 효	後 뒤 후						

7급 한자 (총 150자 / 8급, 준 7급 한자 포함)

歌 노래 가	口 입 구	旗 기 기	冬 겨울 동	同 한가지 동	洞 골 동	登 오를 등	來 올 래
老 늙을 로	里 마을 리	林 수풀 림	面 낯 면	命 목숨 명	文 글월 문	問 물을 문	百 일백 백
夫 지아비 부	算 셈 산	色 빛 색	夕 저녁 석	少 적을 소	所 바 소	數 셈 수	植 심을 식
心 마음 심	語 말씀 어	然 그럴 연	有 있을 유	育 기를 육	邑 고을 읍	入 들 입	字 글자 자
祖 할아비 조	主 임금 주	住 살 주	重 무거울 중	地 땅 지	紙 종이 지	千 일천 천	天 하늘 천
川 내 천	草 풀 초	村 마을 촌	秋 가을 추	春 봄 춘	出 날 출	便 편할 편	夏 여름 하
花 꽃 화	休 쉴 휴